3 histoires pour lire avec plaisir

Texte de
Magdalena

Illustrations
d'**Emmanuel Ristord**

Castor Poche

www.editionsflammarion.com

Conception graphique et mise en pages : Flammarion et Marie Pécastaing

87, quai Panhard-et-Levassor – 75647 Paris Cedex 13
ISBN : 978-2-0813-3290-4 – N° d'édition : L.01EJEN001165.C002
Dépôt légal : août 2014 – Imprimé en Chine par l'intermédiaire de Papersong
Loi n° 49-956 du 16 juillet 1949 sur les publications destinées à la jeunesse

Premier jour de classe

C’est la rentrée, les CP sont contents
de se retrouver.
Aujourd’hui, ils sont devenus des CE1.
Fatou a beaucoup grandi, elle fait une tête
de plus que les autres.
« Tu me dépasses ! dit Tim.
– Je crois même que c’est la plus grande
de nous tous maintenant, constate Selma.
– Alors ce sera moi la chef cette année ! »
dit Fatou en riant.

Dans la cour de récréation,
les CE1 attendent, inquiets.
« On va avoir qui, cette année ?
demande Léa à Ana.
– Je crois que c'est lui ! » dit Téo.
Un maître s'avance, une feuille à la main,
et dit :
« Je suis Luc, le nouveau maître des CE1.
Je vais appeler les élèves de ma classe.
Quand vous entendrez votre nom, venez
vous ranger sans bruit devant moi. »
À ces mots, le brouhaha s'arrête aussitôt.

Bientôt Basil, Réda, Samir, Léo, Selma, Alice,
Lou, Fatou, Tim, Mia, Noé, Léa, Ana, Téo
et Bob se retrouvent en rang deux par deux.

Léa chuchote à l'oreille d'Ana :
« Ce n'est pas une maîtresse,
c'est un maître ! »
Ana lui répond, moqueuse :
« Ben j'ai vu, nounouille !
– Dommage, on n'a plus Maîtresse Julie,
dit Mia, déçue.
– Un maître, c'est mieux pour le sport,
mais ça crie plus fort, répond Tim.
– Oui, mais il n'a pas vraiment l'air
d'un grand sportif… » dit Basil.

Les CE1 entrent dans leur nouvelle classe.
Maître Luc refait l'appel.
« C'est pour mettre le bon prénom
sur la bonne tête », dit-il.
Et il installe chacun à sa place.
Basil n'a pas le droit de s'asseoir à côté
de Bob, alors il fait la tête.

Ensuite Maître Luc dit :
« J'ai écrit un texte au tableau.
Nous allons le lire ensemble. »

que cela toute l'a
de travailler, et moi, je
vous aider à apprendre.
Nous pourrons rire et n
seulement quand nous a
douze heures sans nous

Tous les élèves s'appliquent à déchiffrer
le texte.

Je suis Luc, votre nouveau maître de CE1.
Nous allons être toute l'année ensemble.
Pour que cela se passe bien, il vous suffira
de travailler, et moi, je suis là pour
vous aider à apprendre.
Nous pourrons rire et nous détendre, mais
seulement quand nous aurons TRAVAILLÉ
douze heures sans nous arrêter !

vous allons
Pour que
de travaill
vous aider à apprendre.
Nous pourrons rire et nous
seulement quand nous auro
douze heures sans nous ar

« Douze heures !! répète Alice, inquiète.
– Alors, on ne mangera plus le midi ? » demande Lou.
Maître Luc les regarde d'un air sérieux, mais avec l'œil rieur.
« J'ai compris, c'est une blague ! » dit Téo.
Et toute la classe est soulagée.

Maître Luc distribue les livres de français et de mathématiques.
« Pour commencer, nous allons les couvrir.
Un travailleur doit toujours avoir de bons outils ! »

Maths
CE1

« Oh ! là ! là ! que ça a l'air dur ! dit Noé.
– Quoi ? De couvrir tes livres ?
demande Selma.
– Non, le livre de maths, répond Noé.
– Ben c'est normal, on n'est plus des bébés, on est en CE1 maintenant ! dit fièrement Lou.
– Et si je n'y arrivais pas ? soupire Noé, inquiet. Mes sœurs sont plus fortes que moi.
– Pfff… alors tes sœurs et le maître t'aideront ! » ajoute Lou pour le rassurer.

CE1
Maths

Le maître distribue un emploi du temps vierge.
Les élèves recopient avec application les matières qui sont affichées en grand au tableau.

« Super ! On a sport le lundi et piscine le jeudi ! C'est trop bien ! » dit Basil.

14h00 - 14h45
Découverte du monde
Art visuel
14h45 - 15h00
Récréati
15h00 - 15h30
15h30 - 16h30
E.P.S.
Musique
Maths
CE1
CE1

« Moi, je suis déjà fatigué »,
dit Noé quand il a fini de recopier.
Et il ajoute :
« Heureusement, on est mardi.
Regarde : cet après-midi, on a musique
et art visuel.
Mais c'est quoi ça, « art visuel » ?
– L'art visuel, ça parle des tableaux. On ira
peut-être au musée. Moi, j'y vais avec
ma grand-mère », répond Mia.

L'après-midi, quand les élèves retournent en classe, le maître a installé un vidéoprojecteur.
Il ferme les rideaux et projette sur le mur des peintures.
« Voici des portraits peints par de grands peintres, dit le maître.
– C'est super chouette, dit Réda.
– C'est drôle », dit Basil.

« Maintenant, c'est à vous, dit Maître Luc.
Nous allons regrouper les tables
et vous allez dessiner et peindre.
Vous allez faire votre portrait ou celui
d'un camarade. »
Étonnés, les élèves installent le matériel.
Puis ils se lancent.

Réda tire la langue, comme toujours
quand il s'applique.
Léa et Ana, admiratives, lui disent :
« C'est trop beau, tu es doué ! »

Pendant la récréation, Basil, Samir et Réda restent avec le maître pour nettoyer et ranger. Les autres rejoignent les CP dans la cour. Mia va dire bonjour à Maîtresse Julie, qui est de service.

« Alors Mia, comment se passe ce premier jour en CE1 ? demande Maîtresse Julie.

– C'est bien, dit Mia.

– C'est pas bien, c'est super bien ! » rectifie Alice.

La journée se termine en musique.
Pour commencer, chacun entonne
une chanson qu'il connaît.
Ensuite, Maître Luc sort sa guitare
et leur apprend une nouvelle chanson.
Les élèves sont épatés de le voir jouer.
Léa et Ana sont émerveillées.

Samir, Réda et Basil rentrent pour la première fois tout seuls à pied.
Ils habitent près de l'école.
Ils sont fiers, ils se sentent grands cette année.

À la bibliothèque

Aujourd'hui, les CE1 de Maître Luc vont pour la première fois à la bibliothèque municipale. La maman de Selma les accompagne.

Lou et Alice sont super contentes,
elles connaissent déjà la bibliothèque.
« Vous allez voir, c'est un endroit magique »,
dit Lou aux filles.
Alice ajoute :
« Il y a des livres partout, je n'en ai jamais vu autant ! »
Basil a tout entendu. Il grimace.
Il n'aime pas lire.
« Pff… j'espère qu'on ne va pas rater
la récré, au moins. »

Un monsieur accueille les CE1.
« Bonjour, tout le monde, et bienvenue à la bibliothèque ! Je suis le bibliothécaire, et l'on me surnomme Monsieur Livre. »

Monsieur Livre avance dans une salle.
« À cet étage, vous êtes dans l'espace jeunesse, où se trouvent toutes sortes de livres pour vous. Pour commencer, vous allez explorer les lieux. Vous pouvez regarder des livres, mais ensuite il faudra les ranger à leur place ! »

Maître Luc fait des recommandations
à ses élèves :
« Soyez calmes, déplacez-vous sans courir,
et prenez grand soin des livres. »

Les enfants se promènent dans les rayons.
Il y a des livres de toutes les tailles
et de toutes les couleurs.
Tim dit :
« C'est comme un labyrinthe,
on peut se perdre.
– Et si on n'aime pas lire, on fait quoi ? »
dit Basil, affalé sur les coussins.

La mère de Selma vient voir Basil.
« Je suis certaine que tu vas trouver un livre
pour toi. Va faire le tour des rayons. »
Basil n'est pas convaincu, mais il obéit
et se lève.

Dans le rayon des documentaires,
Réda découvre une encyclopédie
sur les avions.
Il lit à haute voix leurs noms :
« Planeur, concorde, avion de chasse. »

Tim cherche des bandes dessinées
sur les pirates mais il s'énerve,
car il ne les trouve pas.

Mia et Fatou sont installées autour
d'une table avec une pile de romans
sur les chevaux. Elles ne savent pas
lequel feuilleter en premier.

Bob a trouvé un grand livre sur le corps humain.
Basil et lui rient en regardant les corps
tout nus.
Ils se chuchotent des bêtises à l'oreille.
Selma, qui lit le premier tome d'une série
sur les princesses, les entend
et fait les gros yeux.

Maître Luc rassemble la classe au coin conte. Les élèves et la maman de Selma s'assoient sur des marches.
Monsieur Livre s'installe en face du groupe.
Il présente des albums, et les CE1 doivent choisir lequel il va leur lire.

Monsieur Livre commence la lecture.
« Il était un ogre, gros, gras, grincheux… »
Il n'y a plus un bruit.
À la fin de l'histoire, tout le monde applaudit.
Même ceux qui avaient réclamé une histoire de sorcière.

OGRE

Pour terminer la séance, Monsieur Livre dit :
« Chacun a le droit d'emprunter un ouvrage.
Vous allez venir me voir à l'accueil pour que je l'enregistre, et vous le rapporterez dans quinze jours quand vous reviendrez. »

Basil ne sait pas quoi choisir.
Il va d'un rayon à l'autre en soupirant.
Le bibliothécaire vient l'aider.
« Voyons ce que nous allons pouvoir te trouver au rayon bandes dessinées ! »

Sur le chemin du retour, le rang est bavard.
Les élèves sont surexcités par la sortie.
Réda dit :
« Avec ce livre, je vais être incollable sur les avions et peut-être même que je vais devenir pilote ! »
Tim lui répond :
« Les pirates n'auront plus de secret pour moi ! »

De retour en classe, Maître Luc sort de son sac l'album sur la sorcière. Il dit :
« Je crois que certains avaient très envie de connaître cette histoire. »
Les enfants applaudissent.

Le silence revenu, Maître Luc commence :
« La sorcière rentre chez elle avec un chaudron neuf et un plein panier de provisions. Le vent souffle si fort qu'elle a bien du mal à atteindre sa maison. »

En fin de journée, Maître Luc dit :
« Demain, c'est mercredi, vous aurez le temps de découvrir votre livre.
– Nous, on va retourner à la bibliothèque ! » disent Alice et Lou.

Chaque élève quitte la classe avec son livre dans son cartable.
Basil est tout fier de sa bande dessinée, choisie avec le bibliothécaire.

Mercredi après-midi, Alice et Lou
vont ensemble à la bibliothèque.
Elles se donnent des coups de coude
en passant devant Monsieur Livre.
« Je suis content de vous revoir aujourd'hui,
mes chères lectrices.
– Regarde qui est là ! dit Lou à Alice,
étonnée de croiser Basil.
– J'ai lu toute ma B.D. dans mon lit hier soir,
alors je suis venu chercher la suite.
C'est trop bien ! » dit Basil comme
pour s'excuser d'être là.

Quand Basil, Lou et Alice repartent, ils sont tous les trois bien chargés.

« Heu… vous ne direz pas aux autres que vous m'avez vu à la bibliothèque », dit Basil.

Les filles rient.

« D'accord, mais à condition que tu reviennes avec nous mercredi prochain ! »

BIBLIOTHEQUE
MUNICIPALE

En fin de semaine, Maître Luc fait une surprise aux élèves.
Il a installé un nouveau coin bibliothèque dans la classe. Il ajoute :
« Ces livres sont pour vous. Et si vous avez des livres que vous voulez donner pour la classe, vous pouvez les apporter. »

Lundi matin, la maman de Basil dépose un grand sac de livres dans la classe.
« Tu ne les gardes pas pour toi ? demande Réda, étonné, à Basil.
– Ce sont les livres de ma grande sœur, des livres de filles. Beurk ! »

Pendant la récréation, Mia et Tim rangent les nouveaux livres dans le coin bibliothèque. Mia découvre la série qu'elle vient de commencer, elle est folle de joie. Elle court embrasser Basil en agitant un ouvrage sous son nez.
Basil dit à Réda :
« Tu vois, je t'avais bien dit que c'étaient des livres de filles. Moi, je préfère les bandes dessinées ! »

La photo de classe

Ce matin, Noé fait un peu la tête :
il porte des lunettes depuis samedi.
C'est la première fois qu'il vient en classe
avec ses nouvelles lunettes.
Tim lui saute dessus quand il arrive.
« Noé, tu es comme moi maintenant,
on sera copains de lunettes.
Je peux les essayer ? Trop la classe ! »
Noé se sent déjà mieux.

En classe, Maître Luc a écrit au tableau :

Jeudi, photo de classe !
Faites-vous beaux !

Basil dit :
« Être beau, ça ne se commande pas,
on va essayer d'être moins vilains ! »
Les filles gloussent dans leur coin.

Noé est gêné par ses lunettes.
Il se dit qu'il les enlèvera pour la photo
de classe !

Jeudi, photo de classe !
Faites-vous beaux !

Maître Luc demande :
« Avez-vous remarqué que, maintenant, Noé porte des lunettes ?
– Oui, et elles lui vont très bien ! » dit Mia.
Noé rougit et remonte ses lunettes sur son nez.

Maître Luc propose :
« Noé, et si tu nous racontais comment ça s'est passé ? »

Noé est mal à l'aise, mais il passe quand même au tableau avec ses nouvelles lunettes sur le nez.

« Avant, je voyais tout flou au tableau. Alors, la semaine dernière, Maman m'a accompagné chez le médecin des yeux. On l'appelle un ophtalmo. Son cabinet est plein de machines. Il m'a demandé de lire des lignes de lettres sur un tableau lumineux. Elles sont super grosses sur la première ligne et deviennent minuscules en bas du tableau. »

Jeudi, photo de classe !
ites-vous beaux !

« Et à la fin, il m'a dit que j'étais myope ! conclut Noé.
– Ben, ça veut dire quoi ? demande Alice.
– Heu… que je dois porter des lunettes, dit Noé, qui ne sait pas vraiment répondre à la question.
– Moi, je sais ! dit Basil. Mon papa aussi est myope : il voit bien de près mais pas de loin, c'est pour cela qu'il porte des lunettes. »

Ana et Léa font la tête.
« Qu'est-ce que vous avez, les filles ?
demande Maître Luc.
– L'ophtalmo a dit qu'on voyait bien,
donc on ne portera pas de lunettes,
dit Léa, déçue.
– Mais chez le marchand de lunettes,
il y a plein de belles montures,
explique Ana, et on voudrait des montures
roses à paillettes !
– Et un beau boîtier qui va avec pour
les ranger et ne pas les casser, ajoute Léa.
– Eh bien, vous mettrez des lunettes de soleil
cet été pour vous consoler ! »
sourit Maître Luc.

Le lendemain, Maître Luc organise un atelier.
Il a apporté des livres que l'on regarde
du bout des doigts.
Il y a des albums avec des dessins en relief
dans des matières différentes.
Et des textes écrits avec des petits points
à la place des lettres.
Maître Luc explique :
« C'est du braille, l'écriture des malvoyants. »

Braille

Le mercredi, Noé retourne chez le marchand de lunettes avec sa maman et ses sœurs. Ses branches de lunettes lui font mal derrière les oreilles.

Ana et Léa essaient des lunettes de soleil, pendant que l'opticien règle bien la monture de Noé.
Elles se regardent en faisant les belles devant les miroirs.
« J'adore ! dit Ana.
– Moi aussi, j'adore trop ! » dit Léa.
En sortant du magasin, leur maman promet de leur acheter des lunettes de soleil pour l'été.

MP
ZUE
OHSAT
NLRVOXB
YOELKSFDI

Jeudi après-midi, le photographe arrive.
C'est la grande excitation dans l'école.
Mais personne ne se trouve assez beau !
Basil a les cheveux en bataille.
Tim a déchiré son pantalon pendant
la récréation.
Et Selma a oublié de mettre sa jolie robe.

Noé ne sait pas quoi faire.
« Mia, à ton avis, je garde mes lunettes
ou je les enlève pour la photo ? »
Tim, qui a entendu la question, intervient :
« T'es fou ! Il faut les garder, on se mettra
à côté ! Ce sera rigolo.
– Moi, je vous trouve très beaux tous les deux
avec vos lunettes », dit Mia, les joues roses.

Le maître propose de faire la photo dehors.
Le photographe dit :
« Les grands derrière, les plus petits devant. »
Et comme il ne connaît aucun prénom,
il ajoute en montrant du doigt :
« Toi, debout. Toi, à genoux. Toi, assis
en tailleur.
– Quel bazar ! dit Mia. On ne va jamais
y arriver. »

CE1

Maître Luc aide ses élèves à s'installer.
En un clin d'œil, chacun trouve sa place.

À la première photo, tout le monde fait la tête.
Le maître dit :
« J'ai une idée. On va un peu s'amuser.
On va tous faire une tête en colère,
puis on fera une grimace ! »

CE1

Le photographe joue le jeu et fait plein de photos.
Clic clac, « Parapluie. »
Clic clac, « Tahiti. »
Clic clac, « Ouistiti. »

CE1

Ana et Léa ont très envie de porter des lunettes. Elles chuchotent entre elles, puis Ana dit :
« Maître, si on prenait une photo avec nos lunettes de carnaval ? »

Pour la dernière photo, toute la classe porte des lunettes fantaisie, sauf Tim et Noé, qui gardent leurs lunettes pour faire plaisir à Mia. Finalement, Noé est content.

CE 1

Toutes les photos sont affichées sur le mur du couloir.
Les parents peuvent choisir et commander celles qu'ils préfèrent.
Et la photo qui remporte le plus grand succès, c'est celle où tous portent des lunettes !

CE1
CE1
CE1
CE1

Table des matières

Le dico-mots

Premier jour de classe

emploi du temps : tableau qui indique les différentes activités d'une journée ou d'une semaine.

art visuel : ensemble des œuvres qui sont vues par l'œil du spectateur.

musée : lieu où sont conservées et exposées des œuvres d'art.

vidéoprojecteur : appareil qui projette des images sur un écran.

portrait : œuvre qui représente généralement une personne ou sa tête.

À la bibliothèque

documentaire : livre qui explique un sujet à l'aide de documents.

album : livre qui raconte une histoire avec des illustrations.

roman : livre sans dessin qui raconte une longue histoire.

bande dessinée : livre avec des cases d'images qui se suivent, des légendes et des bulles de texte.

poésie : un livre de poésie contient plusieurs poèmes.

La photo de classe

ophtalmo : c'est le diminutif d'ophtalmologue, qui est le médecin spécialiste des yeux.

opticien : personne qui vend des lunettes dans un magasin.

malvoyant : personne qui ne voit pas bien, même avec des lunettes.

myope : personne qui voit mal de loin mais bien de près.

presbyte : personne qui voit bien de loin mais mal de près.

Retrouve les histoires de **Je suis en CE1**
pour t'accompagner tout au long de l'année
dans la maîtrise de la lecture autonome.

Déjà parus :

Premier jour de classe

À la bibliothèque

La photo de classe

Une dent perdue

Le potager de l'école

Allez les champions !